Soixante

TABLEAUX

PAR

Mme EUPHÉMIE

MURATON

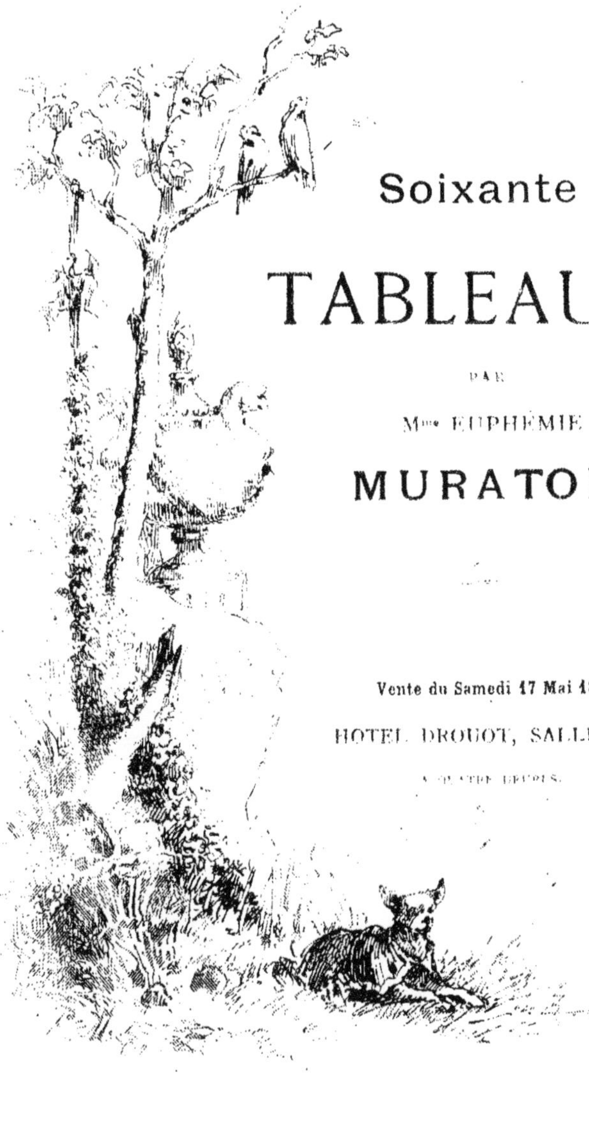

Vente du Samedi 17 Mai 1890

HOTEL DROUOT, SALLE N° 8

A QUATRE HEURES

DUMOULIN ET Cie
AGE QUOD AGIS
RUE DES GRANDS AUGUSTINS
IMPRIMEURS

CATALOGUE

DE

60 TABLEAUX

PAR

Mme EUPHÉMIE MURATON

DONT LA VENTE AURA LIEU

HOTEL DROUOT, SALLE N° 8

Le Samedi 17 Mai 1890, à quatre heures.

COMMISSAIRE-PRISEUR

M° PAUL CHEVALLIER

10, rue Grange-Batelière

EXPERT

M. EUG. FÉRAL, Peintre

Faubourg Montmartre, 54.

Chez lesquels se trouve le présent Catalogue.

EXPOSITIONS

PARTICULIÈRE : Le Vendredi 16 Mai 1890,

De une heure à cinq heures et demie.

PUBLIQUE : Le Samedi 17 Mai 1890, *jour de la vente,*

De une heure à quatre heures.

CONDITIONS DE LA VENTE

Elle sera faite au comptant.

Les adjudicataires payeront *cinq pour cent* en sus des enchères.

Un regard jeté sur les œuvres que Mme Muraton va faire mettre en vente, suffit à démontrer ce que, souvent, il y a d'impropre dans l'expression : nature morte. *Maintes compositions à figures ne donnent aucunement la sensation de la vie qui éclate, au contraire, dans les « natures mortes » désignées en ce catalogue.*

Rien n'est plus vivant que les fleurs animées par le talent si libre et si curieusement assoupli de Mme Muraton. Elles ont la fraîcheur, la grâce, le sourire et le parfum des jolies femmes. Elles respirent, elles boivent la lumière; elles palpitent, enfin.

Les œuvres dont se compose cette vente mettent les collectionneurs en présence d'un choix tout à fait remarquable. La virtuosité du peintre s'y est donné libre carrière. A force d'étudier de près la nature, de l'interroger comme une amie, de s'en imprégner pour ainsi dire, Mme Muraton lui a arraché plus d'un intime secret.

Voici des fleurs de pommier sauvage que la Nature elle-même signerait (si elle savait écrire), car elles sont de tout point dignes d'elle, avec leur humide carnation si tendre, si délicate. La différence qui existe entre les fleurs naturelles et celles de Mme Muraton c'est que les premières ont vécu seulement ce que vivent les fleurs éphémères, tandis que celles-ci sont à jamais fixées, par un art ingénieux, dans une fraîcheur inaltérable, dans une jeunesse qui ne se flétrira pas.

Il y a, dans cette collection véritablement embaumée et dont la vente était tout indiquée pour ce mois de Floréal, une charmante diversité d'effets. Ici, la fleur du grenadier jette sa lueur claire et chaude à côté des tons adoucis de l'anémone de Chine. La fleur andalouse et celle de l'extrême Orient plongent leurs tiges confondues dans un vase de verre. C'est merveille de voir la justesse avec laquelle est exprimée la transparence combinée du verre et de l'eau raîche qu'il contient.

Il serait au moins superflu, en présence de tant de choses exquises, fleurs odorantes, fruits savoureux, pigeons au plumage de neige, de spécifier, de détailler, de décrire. La plume ne saurait exprimer ce dont un simple coup d'œil suffit à remplir notre esprit.

Pourquoi tenter, par exemple, de traduire le charme de ce paysage de nuit (n° 44), de cette villa et de ce jardin, baignés des pâles rayons de la lune? Dans cette fine étude, Mme Muraton est parvenue à peindre non seulement la fraîcheur des heures nocturnes à la campagne, mais encore le silence de la nature endormie...

Peut-être conviendrait-il de dire quelques mots de l'étonnant tour de main grâce auquel Mme Muraton a si lestement et si justement fixé, en quelques traits fougueux, la forme et le riche éclat d'une théière d'argent. Il y a là, vraiment, un petit prodige de spirituelle exécution.

Mais à quoi bon insister? Toutes ces toiles séduisantes disent assez, dans leur brio chantant, ce que le talent de Mme Muraton a gagné en force, en éclat, dans un labeur attentif, intelligent et obstiné.

OCTAVE ROBIN.

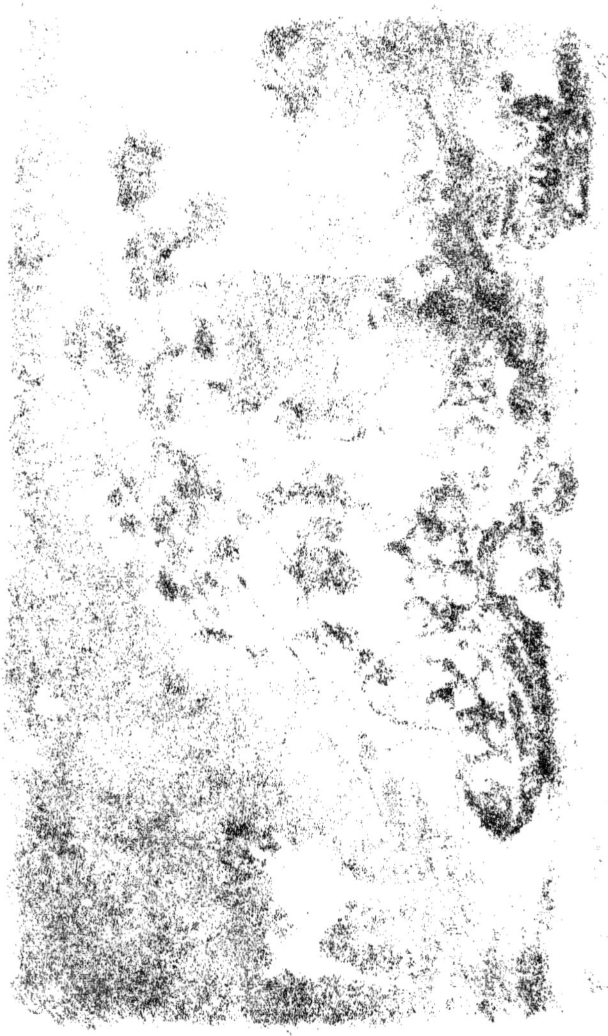

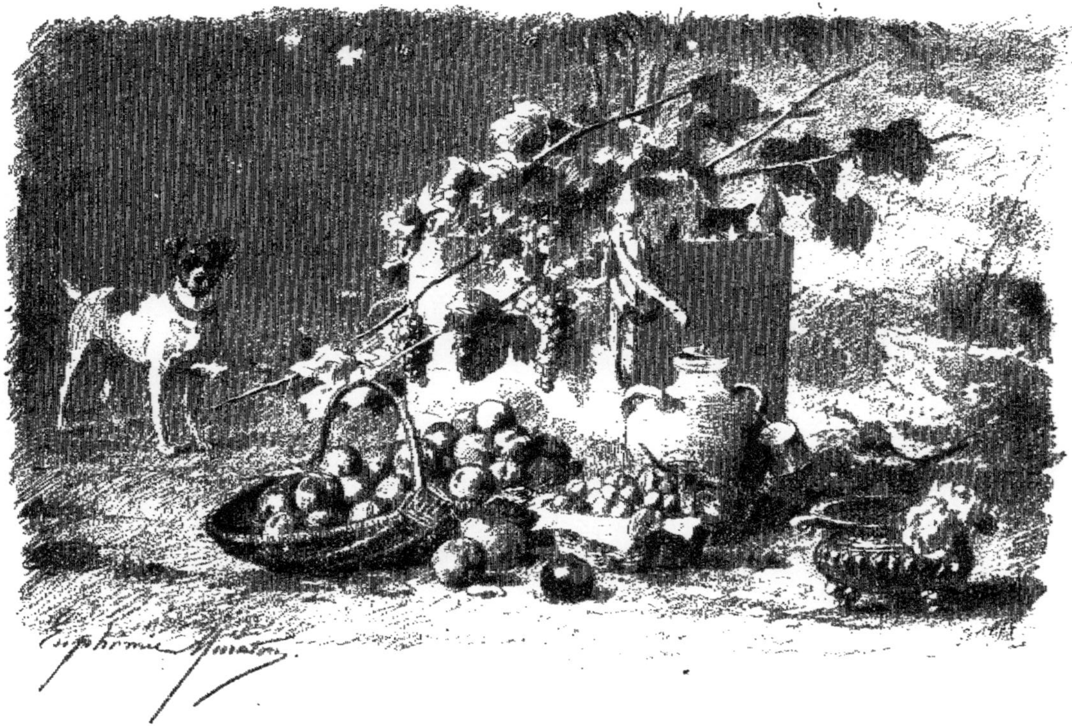

N° 1.

DÉSIGNATION

1 — *Un coin de jardin.*

Toile. Haut., 1 m. 12 cent.; larg., 1 m. 66 cent.

2 — *Pêches et raisins noirs.*

Toile. Haut., 65 cent.; larg., 1 m. 02 cent.

3 — *Roses trémières.*

Toile. Haut., 90 cent.; larg., 67 cent.

4 — *Chrysanthèmes.*

Toile. Haut., 47 cent.; larg., 66 cent.

5 — *Mes deux chiens.*

Toile. Haut., cent.; larg., cent.

6 — *Le Ménage heureux.*

Toile. Haut., cent.; larg.; cent.

7 — *Plat de framboises.*

Toile. Haut., 50 cent.; larg., 68 cent.

8 — *Raisin rose.*

Toile. Haut., 37 cent.; larg., 55 cent.

9 — *Fleurs dans une vasque.*

Toile. Haut., 54 cent.; larg., 74 cent.

10 — *Bouquet d'anémones.*

Toile. Haut., 47 cent.; larg., 66 cent.

11 — *Pivoines.*

Toile. Haut., 50 cent.; larg., 68 cent.

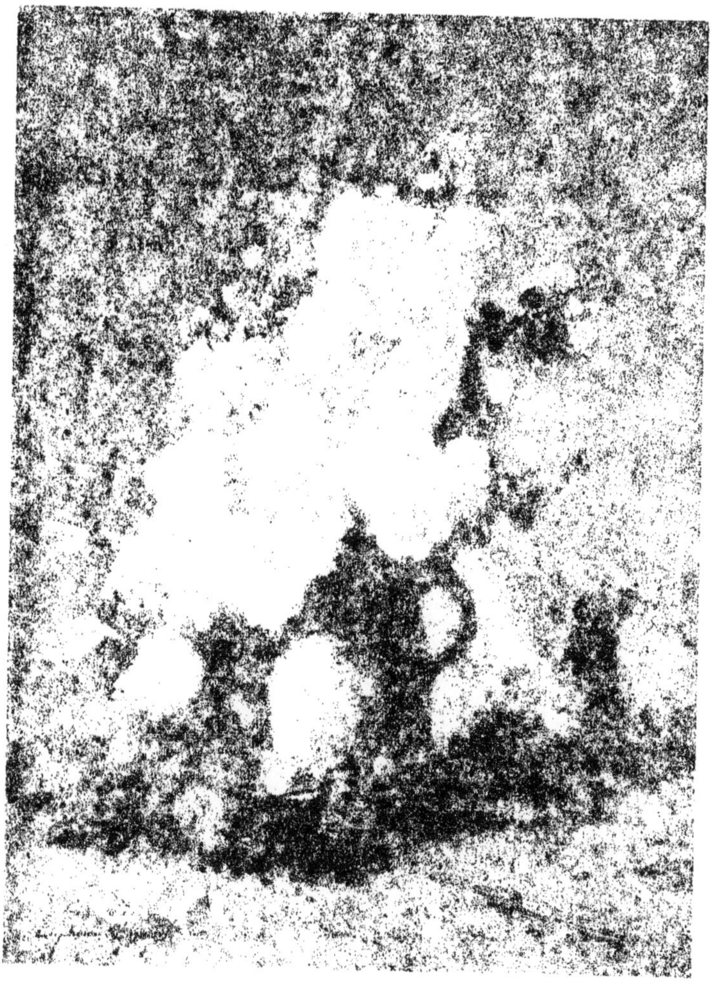

5 — *Mes deux chiens.*

Toile. [illegible] cent.; larg. [illegible]

6 — *L[illegible]*

[illegible] larg. [illegible] cent.

7 — *Plat de [illegible]*

Toile. H[illegible] cent.; larg. 68 cent.

8 — *Raisin [illegible]*

9 — *Fleurs [illegible]*

Toile. [illegible] cent.

10 — *Bouquet [illegible]*

Toile. H[illegible] larg. 76 cent.

11 — *Pivoines.*

[illegible] cent.; larg. 68 cent.

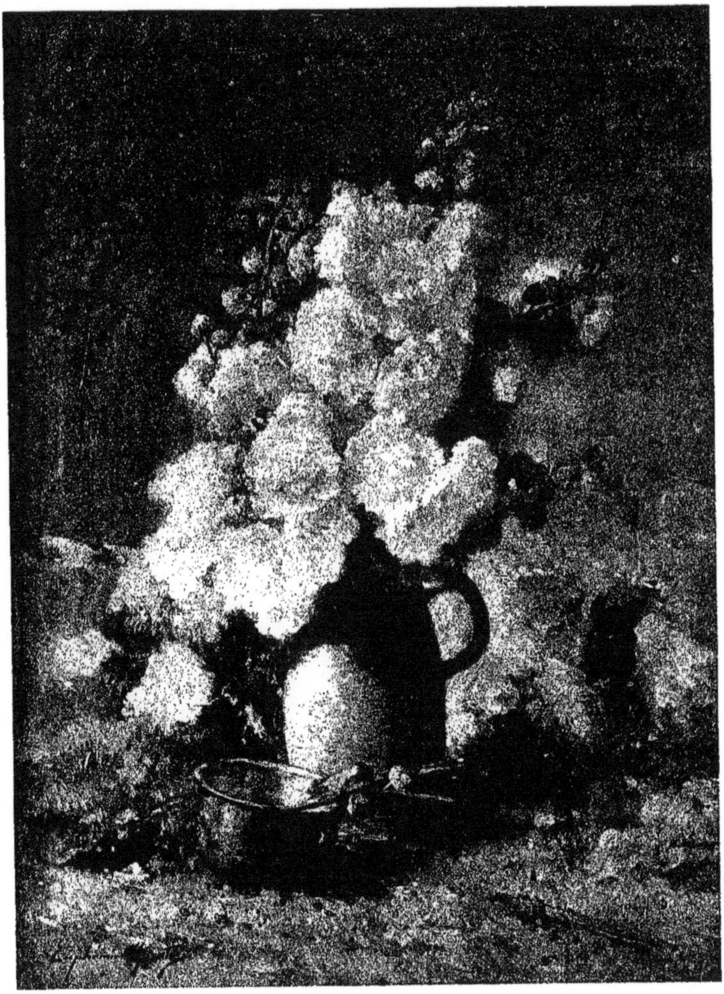

N° 3.

12 — *Roses dans un vase bleu.*

Toile. Haut., 46 cent.; larg., 61 cent.

13 — *La Couveuse.*

Toile. Haut., 64 cent.; larg., 50 cent.

14 — *Fleurs de glycine.*

Toile. Haut., 46 cent.; larg., 56 cent.

15 — *Boules-de-neige dans un vase bleu.*

Toile. Haut., 79 cent.; larg., 60 cent.

16 — *Fenêtre de mansarde.*

Toile. Haut., 57 cent.; larg., 80 cent.

17 — *Perlette.*

Toile. Haut., 66 cent.; larg., 49 cent.

18 — *Bouquet de lilas sur un terrain.*

Toile. Haut., 54 cent.; larg., 75 cent.

19 — *L'Ananas.*

Toile. Haut., 66 cent.; larg., 55 cent.

20 — *Chrysanthèmes jaunes.*

Toile. Haut., 72 cent.; larg., 52 cent.

21 — *La Théière.*

Toile. Haut., 32 cent.; larg., 42 cent.

22 — *Chrysanthèmes dans une cafetière de cuivre.*

Toile. Haut., 61 cent.; larg., 44 cent.

23 — *Les Guignes.*

Toile. Haut., 40 cent.; larg., 28 cent.

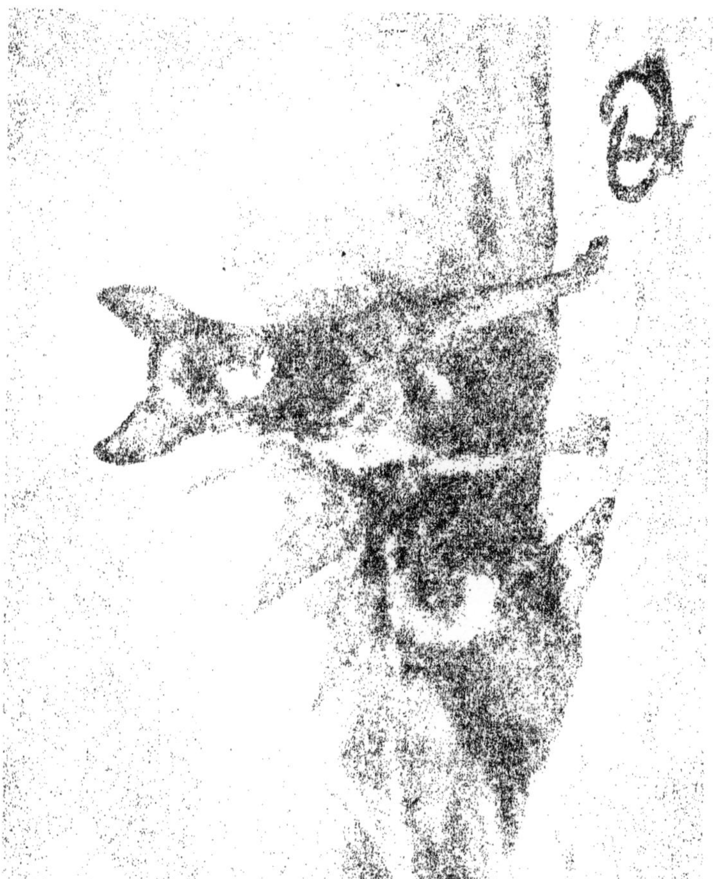

18 — *Bouquet de lilas sur un terrain* [illegible]

Toile. [illegible] 54 cent.; larg. [illegible] cent.

19 — *L'Ananas.*

[illegible]

20 — *Chrys*[illegible]

[illegible] cent.

21 — [illegible]

Toile. Haut. [illegible] cent.; larg. [illegible]

22 — *Chrysanthèmes dans une cafetière de cuivre.*

Toile. Haut. 61 cent.; [illegible]

23 — *Les Guignes.*

Toile. Haut. [illegible] cent.

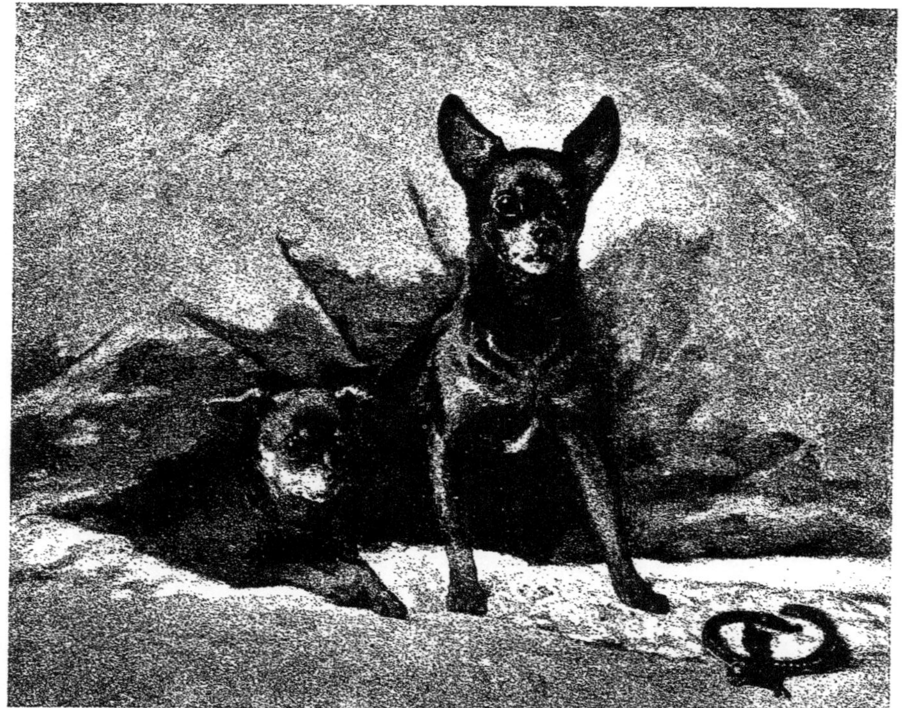

N° 5.

24 — *Bouquet de roses.*

Toile. Haut., 60 cent.; larg., 46 cent.

25 — *Fleurs de mai.*

Toile. Haut., 52 cent.; larg., 33 cent.

26 — *Boules-de-neige et lilas.*

Toile. Haut., 45 cent.; larg., 64 cent.

27 — *Melon ouvert.*

Toile. Haut., 46 cent.; larg., 67 cent.

28 — *Bouquet de chrysanthèmes sur un terrain.*

Toile. Haut., 54 cent.; larg., 78 cent.

29 — *Fleurs de grenadier dans un pot de verre jaune.*

Toile. Haut., 65 cent.; larg., 50 cent.

30 — *Pêches et prunes de Sainte-Catherine.*

Toile. Haut., 44 cent.; larg., 66 cent.

31 — *Pavots.*

Toile. Haut., 56 cent.; larg., 43 cent.

32 — *Une côte de melon.*

Toile. Haut., 34 cent.; larg., 49 cent.

33 — *Gibier.*

Toile. Haut., 65 cent.; larg., 47 cent.

34 — *Les premières Fleurs.*

Toile. Haut., 52 cent., larg., 41 cent.

35 — *Poulot.*

Toile. Haut., 22 cent.; larg., 28 cent.

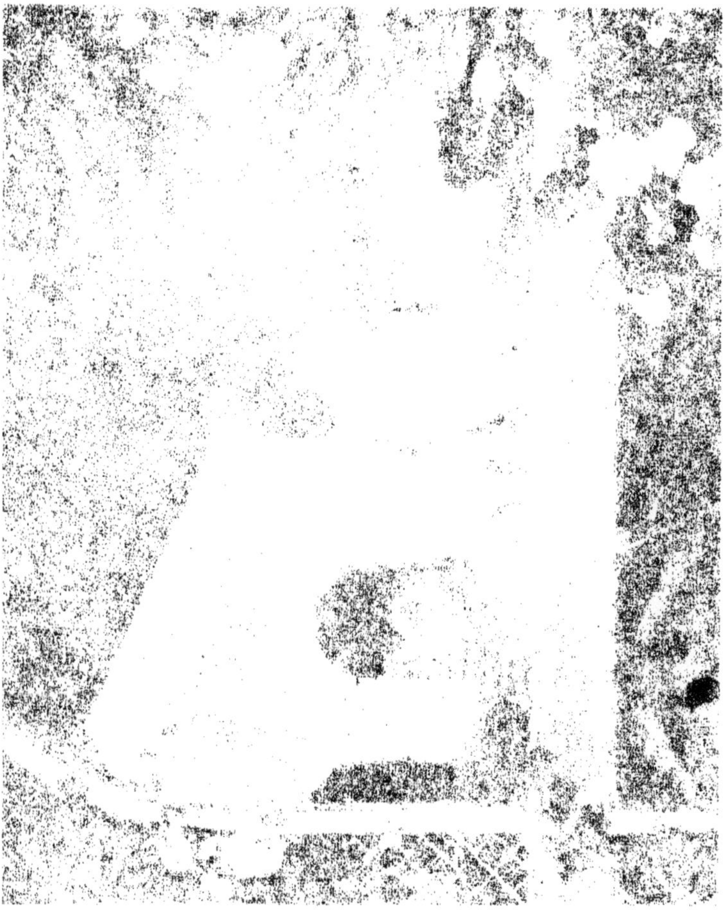

30 — [illegible]

31 — [illegible]

32 — [illegible]

33 — [illegible]

34 — *Les premières Fleurs.*

35 — [illegible]

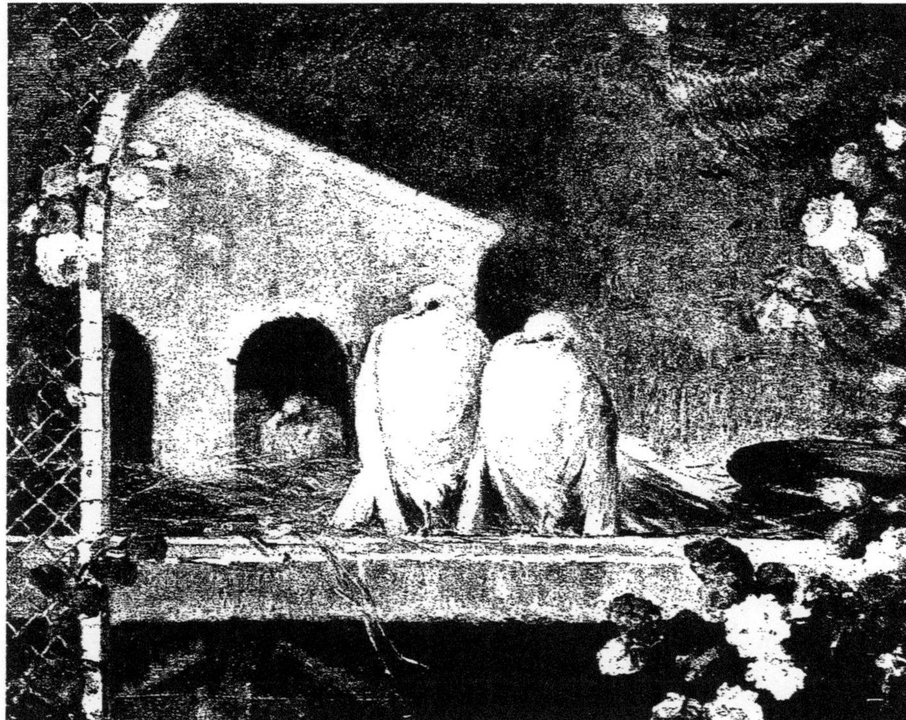

N° 7.

36 — *Pêcher et poirier.*

Toile. Haut., 29 cent.; larg., 40 cent.

37 — *Prunes noires et pêches.*

Toile. Haut., 32 cent.; larg., 46 cent.

38 — *Pied d'œillets.*

Toile. Haut., 95 cent.; larg., 57 cent.

39 — *Groseilles et capucines.*

Toile. Haut., 41 cent.; larg., 29 cent.

40 — *Branche de prunes bleues.*

Toile. Haut., 35 cent.; larg., 50 cent.

41 — *Fleurs de pommier.*

Toile. Haut., 29 cent.; larg., 36 cent.

42 — *Abricots.*

Toile. Haut., 31 cent.; larg., 41 cent.

43 — *Branche d'abricots.*

Toile. Haut., 22 cent.; larg., 34 cent.

44 — *Clair de lune.*

Toile, Haut., 47 cent.; larg., 56 cent.

45 — *Roses-thé dans un verre.*

Toile. Haut., 44 cent.; larg., 35 cent.

46 — *Pêches sur une feuille de chou.*

Toile. Haut., 46 cent.; larg., 39 cent.

47 — *Pêches, poires et prunes.*

Toile. Haut., 31 cent.; larg., 46 cent.

48 — *Deux côtes de melon.*

Toile. Haut., 32 cent.; larg., 50 cent.

49 — *Pêcher.*

Toile. Haut., 32 cent.; larg., 46 cent.

43 — *Branche d'abricots.*

Toile. Haut. [illegible]

44 — *Clair de lune*

Toile. [illegible]

45 — *[illegible]*

Toile. [illegible]

46 — *[illegible]*

[illegible]

47 — *Pêches, poires et [illegible]*

Toile. Haut. [illegible]

48 — *Deux côtes de melon.*

Toile. Haut. [illegible]

49 — *Pêcher.*

Toile. Haut. [illegible]

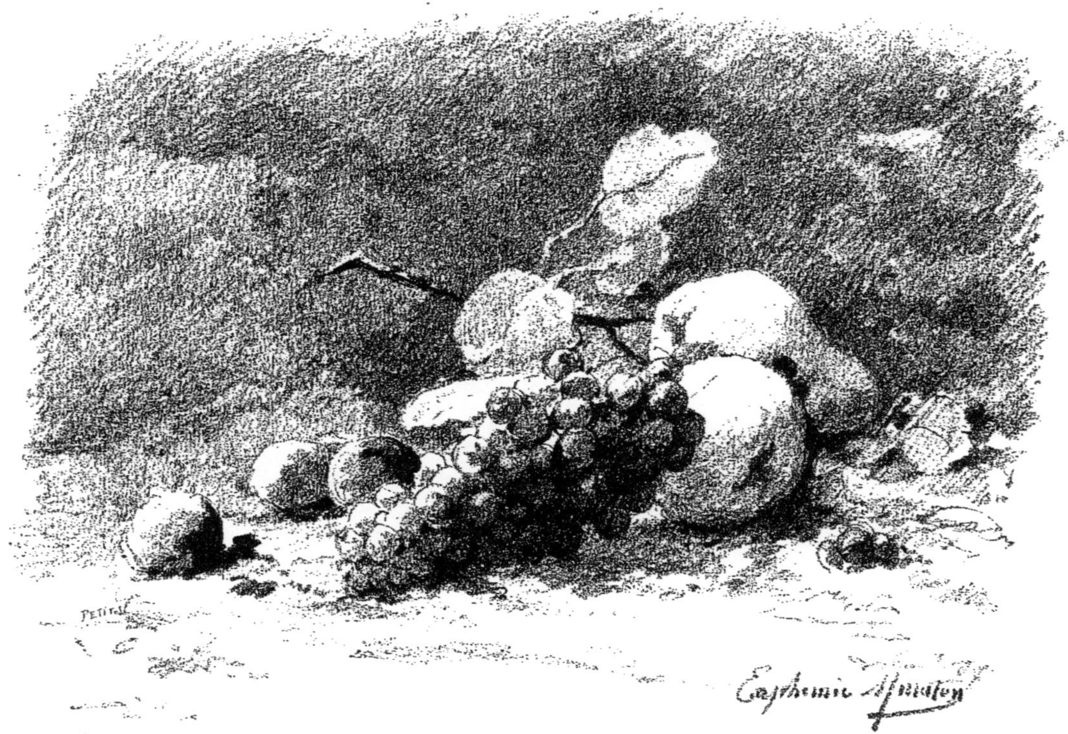

N° 8.

50 — *La Cafetière.*

Toile. Haut., 45 cent.; larg., 35 cent.

51 — *Étude de roses.*

Toile. Haut., 30 cent.; larg., 45 cent.

52 — *Pêches sur la mousse.*

Toile. Haut., 36 cent.; larg., 50 cent.

53 — *Casserole de cuivre.*

Toile. Haut., 24 cent.; larg., 36 cent.

54 — *Boutons de pivoines et boules-de-neige.*

Toile. Haut., 52 cent.; larg., 40 cent.

55 — *Lilas dans un vase en verre bleu.*

Toile. Haut., 63 cent.; larg., 45 cent.

56 — *Abricots et branche de roses.*

Toile. Haut., 31 cent; larg., 42 cent.

57 — *Le Goûter.*

Toile. Haut., 27 cent.; larg., 40 cent.

58 — *Fruits.*

Toile. Haut., 29 cent.; larg., 42 cent.

59 — *Fleurs de grenadier et laurier blanc.*

Toile. Haut., 35 cent.; larg., 25 cent.

60 — *Branches de chrysanthèmes.*

Toile. Haut., 32 cent.; larg., 42 cent.

www.ingramcontent.com/pod-product-compliance
Ingram Content Group UK Ltd.
Pitfield, Milton Keynes, MK11 3LW, UK
UKHW021115290826
14628UKWH00014B/2426

9 782329 546711